CONFÉRENCE

SUR

L'EGYPTE

Faite à Toulouse, le Jeudi 4 Juillet 1895,

A L'AMPHITHÉATRE DE LA FACULTÉ DES LETTRES

PAR

M. MOUSTAFA KAMEL

PUBLICISTE ÉGYPTIEN

TOULOUSE
IMPRIMERIE MARQUÉS & Cie
BOULEVARD DE STRASBOURG, 22

1895

RÉUNION PUBLIQUE

A TOULOUSE

le 4 Juillet 1895

L'évacuation de l'Egypte, occupée trop longtemps par les Anglais, est une question d'actualité qui intéresse l'Europe entière et surtout la France.

Un patriote égyptien, Moustafa Kamel, avocat au Caire et publiciste distingué, a quitté son pays pour venir faire entendre sa clameur de détresse et solliciter le concours de la France pour la libération de l'Egypte.

Ancien élève de la Faculté de droit de Toulouse, Moustafa Kamel a eu la pensée reconnaissante de faire sa première Conférence dans cette ville où il avait conquis de fidèles sympathies. Cela prouve que toute l'Egyte conserve les regards tournés vers la France, avec la gratitude et l'espérance au cœur...

La Conférence de Moustafa-Kamel a eu lieu le jeudi 4 juillet 1895, à 8 heures 1/2 du soir, dans la vaste salle de l'ancienne Faculté des Lettres, rue de Rémusat.

Le bureau de cette réunion publique était présidé par M. Louis Ariste, directeur politique du *Midi Républicain*. Assesseurs : MM. Stephen Gill et Pierre Lafuste, publicistes ; secrétaire : M. Julien Rollan.

A la tribune de la Presse, on remarquait les représentants des divers journaux toulousains : *La Dépêche*, *l'Ecole laïque*, *l'Express du Midi*, *le Gril*, *l'Impartial du Midi*, le *Messager de Toulouse*, le *Midi Républicain*, *le Télégramme.*

Une affluence considérable d'auditeurs se pressait dans la salle, avec un gracieux essaim de dames, aux élégantes toilettes.

M. Louis Ariste a présenté Moustafa Kamel, avocat, publiciste, journaliste, par-dessus tout patriote, à la foi robuste et persévérante, dont la parole devait trouver un écho fraternel dans la patrie française.

Puis, le conférencier s'est exprimé en ces termes...

Messieurs,

Il me faudrait vraiment toute l'éloquence de vos grands orateurs, pour vous exprimer combien je suis touché de l'accueil sympathique que vous avez bien voulu me faire.

Je me sens peu digne d'un pareil honneur, et j'aime mieux le considérer adressé à l'Egypte toute entière, qu'à ma modeste personne.

Je suis très reconnaissant à l'honorable M. Serres, maire de Toulouse, d'avoir aidé mon éminent confrère, M. Louis Ariste, à organiser cette conférence à laquelle j'ai répondu avec le plus vif empressement.

C'est pour moi un des devoirs les plus sacrés que de venir ici vous parler de l'Egypte, et surtout dans cette belle ville que j'aime tant et dont je garderai un souvenir ineffaçable.

Avant tout, je réclame toute votre indulgence si vous ne trouvez pas en moi un orateur abondant et éloquent : je ne suis qu'un modeste étudiant de votre admirable langue, dont le seul désir est de vous faire connaître l'état lamentable de son pays.

Des jours entiers ne suffiraient pas pour vous décrire les malheurs et les souffrances de l'Egypte. Je me contenterai pour aujourd'hui de vous tracer les grandes lignes de la question égyptienne en insistant sur les points qui pourront vous intéresser.

Je n'ai pas à vous parler ici de l'Egypte, au point

de vue géographique. Vous avez la bonne fortune de posséder dans votre cité hospitalière une *Société de géographie*, qui compte d'illustres personnages et qui rend tous les jours, par sa propagande, de grands services à la Science et à la Civilisation. C'est à sa gracieuse intervention que je dois le plaisir de vous offrir quelques projections se rattachant au sujet que je dois traiter devant vous.

***

Les Anglais sont entrés en Egypte, Messieurs, après les néfastes événements de 1882, que vous connaissez tous, se donnant le rôle d'une puissance amie qui cherchait à soutenir le pouvoir khédivial contre un chef militaire rebelle, à assurer la sécurité du pays et à faire respecter les privilèges et les garanties de l'Europe.

La mission que l'Angleterre s'était imposée eût été très facile si elle avait suivi le programme qu'elle s'était tracée. Mais, désireux de tromper l'Europe et de s'emparer définitivement de l'Egypte, les Anglais n'ont pas seulement occupé le pays, mais ils y ont agi contre la parole donnée, les engagements et les traités internationaux.

Une des preuves les plus frappantes et les plus concluantes est l'acte de Thérapie, signé par toutes les puissances le 25 juin 1882, c'est-à-dire quinze jours avant le bombardement d'Alexandrie, signé dans le but de garantir une fois de plus l'autonomie de l'Egypte et d'engager chaque puissance européenne à n'y chercher aucun avantage territorial, ni aucun privilège exclusif.

Cet acte, le gouvernement de la Reine a voulu,

en le signant, prouver à l'Europe d'une façon nette sa bonne foi et le respect qu'il a pour les traités : il a voulu affirmer aux puissances européennes et au monde entier qu'il resterait respectueux des traités de 1841, 1856 et 1878 relatifs à l'intégrité de la Turquie et de l'Egypte.

A-t-il vraiment respecté ces traités dans lesquels son honneur est engagé ?

A-t-il vraiment laissé l'Egypte à elle-même sans y chercher aucun avantage territorial, ni aucun privilège exclusif?

Non, nettement non ! Dix-huit mois après avoir signé cet acte de Thérapie, l'Angleterre l'a violé et l'a méconnu en voulant obliger le gouvernement khédivial, à qui manquait alors l'appui de la France, à abandonner le Soudan égyptien, dont la possession est pour notre pays une question de vie ou de mort.

Ce fait, si injuste et si illégal, était une bonne leçon pour les Egyptiens qui avaient la naïveté de croire que les Anglais en Egypte sont des amis. Dès lors, ils ont tous compris le vrai but de nos occupants, et le grand patriote Chérif-Pacha, alors président du conseil des ministres, l'a compris le premier : il n'a pas hésité un seul instant à donner sa démission et à laisser à un homme comme Nubar la honte d'obéir à de pareils empiètements.

***

Une des conséquences de l'entrée des Anglais en Egypte devait être le raffermissement du pouvoir khédivial. Voyons maintenant, Messieurs, si ce résultat capital a été atteint ou non. L'Angleterre a lutté, elle lutte encore contre cette autorité légitime pour se montrer devant le peuple la seule maîtresse du pays. Ainsi, quand le khédive actuel, Abbas-Hilmi-Pacha a pris le pouvoir, les Anglais ont fait tout leur possible pour diminuer son prestige aux yeux du peuple égyptien. Mais le khédive, par son attitude ferme et sage, a su gagner le dévouement de tous ses sujets et l'admiration du monde entier. Il s'est toujours montré hostile à tout ce qui est contraire au droit et à la justice, alors que les Anglais nous font connaître par tous les moyens leur haine contre cette âme si noble et si patriotique.

Lord Cromer, représentant de l'Angleterre en Egypte, loin de donner l'exemple de la modération, excite ses compatriotes à l'insubordination par le langage qu'il nous tient, langage violent et parfois menaçant.

Cependant, si on lui demande pourquoi il impose sa volonté par la force et la violence, il ne peut invoquer d'autre raison que celle d'arriver à introduire des réformes dans les administrations de l'Egypte.

*
* *

Et en quoi consistent-elles, ces réformes ?

A nommer sans cesse des employés britanniques, à détruire toute organisation gouvernementale, toujours pour avoir un prétexte d'occuper à jamais le pays, et enfin à élever les ignorants et les traîtres aux hautes fonctions.

Lord Cromer, poussé par l'ambition de rendre l'occupation définitive, a tout intérêt de placer à la tête des ministères et des administrations des hommes incapables, indifférents ou traîtres, pour les avoir comme instruments entre ses mains et prouver par là à l'Europe que notre pays manque de classe dirigeante et ne peut pas se gouverner par lui-même.

Sur ce dernier point, nous avons le ferme espoir que la France, qui nous a nourri de ses sciences et de ses lettres, restera notre fidèle interprète en prouvant à l'Europe tout entière que nous sommes capables de nous gouverner nous-mêmes. Elle ne fait en réalité qu'approuver ses illustres professeurs qui nous ont décerné tant de grades honorables.

***

Un des ministères qui a le plus souffert de l'ingérence anglaise est, sans contredit, le ministère de l'instruction publique.

Les Anglais y travaillent pour former des écoles, faire la propagande pour leur langue, leurs mœurs et leurs coutumes.

Ils ont tout fait pour détruire la mission égyptienne en France et essayent de faire disparaître l'influence française si grande et si puissante. Ils ne sont arrivés qu'à nous rendre plus cher le souvenir de cette influence si désintéressée et plus odieux le régime d'oppression institué par lord Cromer.

En effet, Messieurs, l'instruction publique qui était jadis aux mains d'instituteurs indigènes et français, fidèles et savants, est devenue aujourd'hui le rendez-vous d'aventuriers britanniques les plus ignorants et les plus égoïstes,

L'action de l'Angleterre dans cette branche, dont la grande importance est indiscutable, est d'anéantir tout sentiment patriotique et de faire de notre jeunesse une école purement gallophobe et anglophile.

Vous ne pouvez vous imaginer quelles leçons de haine se donnent chaque jour contre la France et la Turquie. On est même arrivé à répandre, dans les écoles, des journaux anglais qui attaquent très violemment le peuple égyptien et son bien-aimé souverain.

Tout le but des Anglais est de remplacer la langue française par leur langue, de détruire votre puissante influence, de diminuer le nombre des écoles, de faire de nos élèves des admirateurs aveugles de l'occupation et, enfin, de rendre le pays plus ignorant qu'il l'était jamais pour pouvoir le gouverner tyranniquement.

Ce sont vraiment des procédés indignes d'une grande puissance comme l'Angleterre, qui prétend être la civilisatrice du monde.

Outre ses professeurs et ses instituteurs, elle a placé comme sous-secrétaire d'Etat à l'instruction publique, un homme dont la présence seule suffit pour dévoiler le but de nos occupants ; c'est un Arménien ingrat, qui ne sait pas même parler l'Arabe, notre langue maternelle.

Cet homme, qui est l'instrument le plus puissant de l'Angleterre et à qui je ne fais pas même l'honneur de prononcer son nom, a des principes, comme pédagogue, que personne n'a jamais eu. D'abord, il n'admet pas que la langue d'un pays soit la langue de ses écoles ; il veut emprunter une autre langue européenne, et c'est naturellement l'anglais.

Ensuite, il considère que Danton a eu tort de dire : « Après le pain, l'éducation est le premier besoin du peuple » ; lui prétend prouver que, dans un pays comme le nôtre, avide d'éducation, le nombre des instruits doit être très restreint.

En appliquant ces idées étranges, le gouvernement égyptien n'entretient pas actuellement plus de 18 écoles sur son budget, alors que du temps de Méhémet-Ali et d'Ismaïl, l'Egypte avait plus de 230 écoles primaires et supérieures.

N'est-ce pas honteux pour les Anglais d'arriver à ce résultat, de telle sorte que l'Ecole de médecine ne compte, à l'heure actuelle, qu'une dizaine d'étudiants, alors qu'elle comptait jadis 150 Egyptiens, au moins ?

C'est une des fondations qui font le plus de gloire à la France, cette Ecole de médecine créée par un Français célèbre, Clottbey, dont la statue, élevée à l'Ecole elle-même, nous rappelle les services inoubliables qu'il a rendus à notre pays.

Le meilleur regret qu'a manifesté l'Egypte de voir l'instruction si mal dirigée se trouve nettement exprimé dans la partie du dernier rapport du Conseil législatif — qui est notre Assemblée nationale — concernant l'instruction publique. Permettez-moi, Messieurs, de vous lire cet exposé si important : « Nous constatons, avec regret, dit le Conseil législatif dans son rapport de décembre 1894, que l'instruction a bien reculé. Nous pouvons dire, sans aucun doute, que ceux qui dirigent le Ministère de l'instruction ont cherché le moyen de restreindre l'instruction et ont, pour des motifs quelconques, fermé les portes aux enfants de la nation. S'il n'y avait pas encore le nombre peu considérable de ceux qui ont le moyen de pourvoir au paiement des frais, il ne se serait pas trouvé dans les écoles un total d'élèves égal au chiffre des professeurs et des employés, ainsi que cela a lieu à l'Ecole polytechnique, et dans d'autres Ecoles qui ont perdu de valeur, telle que l'Ecole de médecine.

« Il est, en outre, à noter que le ministère refuse d'admettre certains élèves qui s'engagent à payer les frais dans certains cas, et cela dans différentes localités ».

*
* *

L'influence anglaise si funeste pour le pays se fait sentir partout.

Au ministère de l'intérieur, ils ont nommé un conseiller anglais qui n'a d'autre but que de créer des révoltes aux moments opportuns, d'influer sur l'élection des membres du Conseil législatif pour que les hommes dévoués à la cause de l'Egypte n'y siègent pas et enfin de surveiller les patriotes égyptiens qui travaillent pour la délivrance de leur pays et qui font connaître à l'Angleterre le tort qu'elle a de rester chez nous.

Aux Finances, c'est la même mainmise des Anglais. Le système financier repose sur la loi de liquidation de 1880 et la convention internationale de Londres de 1885. Les Anglais n'y ont introduit aucune réforme ; ils n'ont fait que supprimer le contrôle à deux de la France et de l'Angleterre pour lui substituer un contrôle unique sous la surveillance d'un conseiller financier anglais, qui partage entre ses compatriotes la plus grande partie du budget.

Quant à la Justice, elle est déplorable. Jusqu'en 1891, elle marchait à merveille : ce sont vos Codes que nous appliquions dans nos tribunaux, ce sont les anciens élèves de vos Facultés de Droit qui les dirigeaient.

Depuis la nomination d'un conseiller anglais au ministère de la justice, tout se désorganise. Le juge d'instruction n'existe plus et le parquet dépend depuis des préfets, ce qui n'est jamais arrivé dans un autre pays et qui a poussé dernièrement quelques patriotes égyptiens à adresser, en leurs noms et au nom de toute la nation égyptienne, une pétition à la Chambre des députés française, demandant le bénéfice des tribunaux mixtes plutôt que de rester à la merci des agents anglais.

Cétte pétition a vraiment sa raison d'être. Les Anglais n'ont voulu respecter en Egypte aucun principe du droit européen : ils ont même méconnu ce principe sacré de la séparation des pouvoirs que vous pratiquez depuis un siècle.

L'hiver dernier, ils ont créé un tribunal d'exception, qui est un abus manifeste de la force et qui déshonore la civilisation britannique. Rien que la constitution de ce tribunal vous donne une idée de la façon dont les Anglais traitent notre malheureuse nation.

Ils l'ont institué pour punir les indigènes en rixe avec des soldats ou des marins anglais.

Ce tribunal ne connaît ni loi ni code. Il a en même temps le pouvoir législatif, judiciaire, aussi bien qu'exécutif. Il juge d'après la volonté des magistrats qui le composent, dont trois sont anglais et deux indigènes. Il rend les jugements sans appel et ordonne l'exécution immédiate sans donner au Khédive le temps nécessaire pour gracier les condamnés.

Vous ne serez donc pas étonnés, Messieurs, d'apprendre un beau matin que, pour rendre la justice dans la vallée du Nil, les Anglais ont coupé le nez à un fellah, les oreilles à un autre, sous prétexte d'appliquer l'excellente législation du roi Béhanzin.

Je n'ai pas besoin de vous qualifier un acte si étrange. Je parle dans une ville célèbre par ses législateurs, ses magistrats et ses illustres professeurs.

C'est à eux de nous dire si un fait pareil s'est produit dans l'histoire, si dans les temps les plus barbares, aucune législation a établi ce que le tyran lord Cromer vient d'instituer dans notre malheureux pays, qui était jadis le berceau de la lumière et surtout de la justice.

Je me demande seulement si nous sommes au moyen-âge ou au dix-neuvième siècle, siècle de l'équité et de la liberté.

Je me demande aussi quel sera le cas des indigènes s'ils se prennent un jour de querelle avec des marins français, russes ou d'une autre nationalité ? Seront-ils jugés par leurs tribunaux indigènes ou par une juridiction spéciale ? Auront-ils ces marins français, par exemple, la même faveur que les marins anglais ou non ? Je crois affirmer que non, car la loi constituant le tribunal spécial ne parle que des soldats et marins anglais.

N'y a-t-il pas, dans ce cas aussi, une violation formelle de l'acte de Thérapie, qui engage chaque puissance européenne à ne chercher en Egypte aucun privilège exclusif pour elle et pour ses sujets ?

***

De tout ce que je viens de dire, vous comprenez bien, Messieurs, que l'occupation de l'Egypte par l'Angleterre est néfaste à tous les points de vue. Elle est contraire à tous les traités, à toutes les règles de la justice, et elle a, de plus, empêché le peuple de continuer à marcher dans la voie du progrès et de la civilisation.

Non seulement les Anglais ont commis en Egypte fautes sur fautes, mais ils ont fait croire à l'Europe que nous sommes un peuple fanatique, hostile à tous les chrétiens, ce qui est absolument le plus grave de tous les mensonges.

Nous ne sommes pas fanatiques, Messieurs, ni hostiles aux chrétiens : nous sommes un peuple sage et hospitalier ; les preuves en sont incontestables.

Il y a maintenant treize siècles que nous sommes avec les Coptes ce que les frères sont entre eux : nous ne parlons de religion que lorsque nous sommes à la mosquée ou à l'église.

Nous avons été toujours l'intermédiaire entre l'Europe civilisée et l'Afrique sauvage. C'est grâce à nous que les missions de tout genre, même religieuses, ont pénétré dans les continents noirs.

Depuis un siècle, nous sommes en contact avec l'Europe et surtout avec la France, nous ne nous sommes jamais montrés hostiles à qui que ce soit : au contraire, tout le monde trouve chez nous l'hospitalité la plus généreuse. Les Européens sont répandus dans le pays, un grand nombre habite les villages les plus lointains, parmi les paysans ignorants, dans la tranquillité la plus absolue.

Notre peuple respecte si bien les étrangers qu'il les traite comme ses hôtes les plus chéris.

Comment un pareil peuple serait-il fanatique : il supporte à la tête de son armée soixante-dix anglais, chose qui aurait créé certainement, dans un autre pays, une révolution sans fin.

Comment ce peuple, si calme et si sage, serait-il fanatique : son gouvernement est dirigé par des personnes étrangères à sa religion.

Nous sommes tellement calmes qu'on nous insulte souvent, qu'on insulte notre Prophète et notre Religion sans que nous manifestions le moindre acte d'hostilité, non par lâcheté mais par tolérance. L'année dernière, ces Anglais eux-mêmes, messieurs, ont donné à nos élèves des livres d'histoire, écrits en anglais, qui attaquent amèrement la Religion et son Prophète : cette année encore ils ont publié une brochure contre l'Islam, appelant les Musulmans à se convertir.

Cette brochure, dont le but était sûrement de soulever une révolution religieuse dans le pays, a été accueillie par le peuple avec une sagesse admirable, et le Conseil des Ulémas, les chefs de la religion, a répondu à cette brochure en disant dans une lettre adressée au ministre de l'intérieur que « *la Religion musulmane enseigne à ses adhérents le respect de toutes les sectes et de toutes les religions : l'esprit de modération et de tolérance est une de ses bases fondamentales.* »

Aucun autre peuple n'était capable de montrer la

sagesse et la patience que montre le peuple égyptien.

Si nos ennemis disent de nous que nous sommes fanatiques. il est temps d'en finir avec ces légendes perfides.

Nous ne sommes hostiles ni aux Européens, ni à personne. Nous sommes vraiment hostiles à l'occupation britannique et nous le disons hautement. Il y a treize ans que nous attendons notre délivrance de l'Angleterre elle-même : il y a treize ans que nous attendons avec impatience qu'elle respecte ses engagements et sa parole donnée. Ce n'est pas notre faute si elle n'a pas encore compris la nécessité de l'évacuation.

Nous croyons fermement qu'il est de notre droit et de notre devoir de venir, après tant de patience, réclamer la liberté de notre pays et éclairer les esprits sur tout ce qui se passe chez nous.

Et même en venant ici. en Europe. remplir ce devoir sacré. nous n'avons jamais pensé à attaquer l'Angleterre. Nous la respectons comme nous respectons toute autre puissance . et pour mieux la respecter nous lui faisons connaître la vérité. nous lui signalons les fautes commises par ses agents au Caire . qui ont le plus grand intérêt à prolonger l'occupation pour toucher les traitements considérables qu'ils touchent actuellement.

Que l'Angleterre daigne nous écouter, qu'elle tienne sa parole donnée. qu'elle respecte les engagements pris vis-à-vis de l'Europe et du monde entier. Ce jour-là nous serons sûrement les premiers à l'applaudir.

Mais tant qu'elle s'abstiendra d'évacuer l'Egypte,

notre patriotisme nous commandera de demander pleine justice à l'Europe libérale.

***

Il est incontestable que la délivrance de l'Egypte est l'intérêt de l'Europe. Des raisons sérieuses rendent l'évacuation indispensable.

En premier lieu, la situation géographique de l'Egypte. La puissance qui s'emparera de la vallée du Nil, étant certainement la maîtresse de la Méditerranée et de la mer Rouge, prendra pour elle seule presque tout le commerce de l'Afrique et de l'Asie et mettra en danger les deux villes saintes : Jérusalem et la Mecque.

En second lieu, l'intérêt des porteurs de titres, et sur ce point j'attire toute votre attention. Beaucoup de personnes pensent que le lendemain de l'évacuation les fonds égyptiens baisseront, alors que la présence des Anglais sur le bord du Nil est le seul danger sérieux qui menace les porteurs de titres. L'Egypte est un pays exclusivement agricole, les impôts que nous payons sont des loyers et non des impôts, et comme le prix des produits baisse continuellement, et les dépenses administratives augmentent aussi continuellement, l'Egypte ne pourra plus être imposée. Il arrivera sûrement un jour, tant que les Anglais occuperont le pays, que le coupon ne sera plus payé.

Y a-t-il un remède ? Certes oui, il y en a même deux : la conversion de l'Unifié qui aura un effet momentané, et le retour pur et simple, en ce qui concerne les dépenses administratives, à la convention de Londres de 1885, qui les fixe à cinq millions de livres sterlings (125 millions de francs à peu près), alors qu'aujourd'hui elles s'élèvent à 7 millions de livres.

Il y a une économie de 50 millions de francs à faire avant de toucher aux droits des créanciers de l'Egypte.

Or, pour revenir à la convention de Londres. il est nécessaire que les Anglais. soldats et fonctionnaires. quittent le pays.

De plus, les porteurs de titres n'ont rien à craindre; les Egyptiens acceptent tout contrôle financier européen et respectent avant tout les institutions dont le but est de garantir les droits des financiers.

En troisième lieu, les intérêts immenses que possède l'Europe en Egypte. Il est évident que le jour où l'Angleterre sera la maîtresse absolue de notre pays, l'Europe n'aura rien à faire sur les bords du Nil. La guerre déclarée ouvertement chaque jour à l'influence française et au commerce français en est une des meilleures preuves.

Enfin, il est de l'intérêt moral de l'Europe de rendre l'Egypte à elle-même et de prouver, par un acte aussi glorieux, qu'elle entend les cris d'un peuple injustement opprimé.

L'Europe ne fera, en délivrant l'Egypte. que primer la force. encore puissante, et assurer le triomphe du droit.

Quoi de plus beau que de délivrer un peuple opprimé !

C'est un doux devoir à accomplir. surtout pour une grande nation comme la France. dont les bienfaits sont célébrés par tant de peuples.

Oui, Messieurs. il est du devoir de la France. à

laquelle nous adressons un suprême appel. d'intervenir pour nous sauver.

Oui, c'est le devoir de la France, cette France généreuse, qui a réveillé l'Egypte de son profond sommeil ; cette France qui a répandu la lumière des sciences et des arts et qui en a fait une France orientale ; cette France qui nous a toujours traités comme ses fils les plus chéris, et qui nous a gagnés tous, cœurs et âmes !

La Conférence de Moustafa Kamel a été souvent interrompue par de chaleureux applaudissements.

Quelques projections photographiques ont été présentées avec beaucoup d'entrain et d'humour.

A la fin de la soirée, les membres de la Presse et de la *Société de Géographie* ont vivement félicité Moustafa Kamel que la France considérera comme un devoir de seconder dans sa patriotique entreprise, pour la libération prochaine de l'Egypte.

Le Secrétaire de la réunion :
Julien ROLLAN.

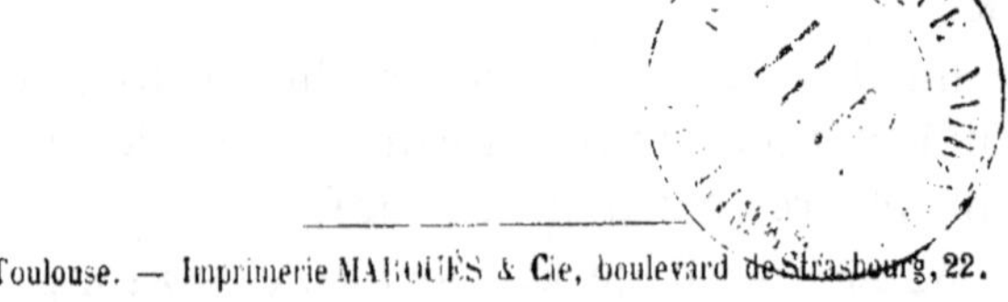

Toulouse. — Imprimerie MARQUÈS & Cie, boulevard de Strasbourg, 22.

www.ingramcontent.com/pod-product-compliance
Lightning Source LLC
LaVergne TN
LVHW052034160826
845678LV00003B/1329
* 9 7 8 2 3 2 9 6 3 2 9 9 5 *